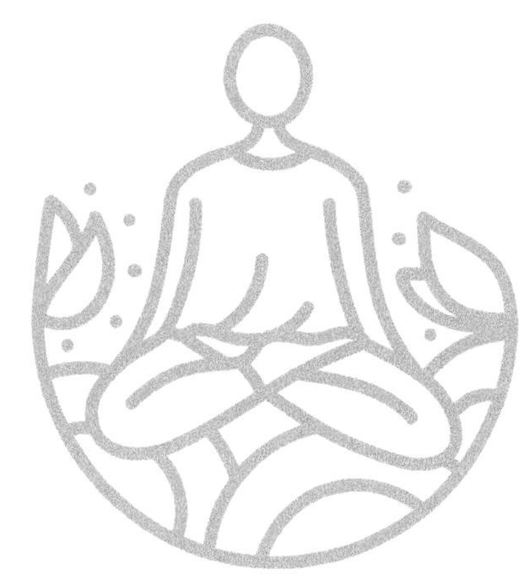

BONJOUR ET MERCI D'AVOIR CHOISI MES MANDALAS.

J'espère que leurs coloriages vous apportera apaisement et évasion.

«LA VIE N'EST PAS FAÎTE DE CE QU'ON Y TROUVE MAIS DE CE QU'ON Y APPORTE»

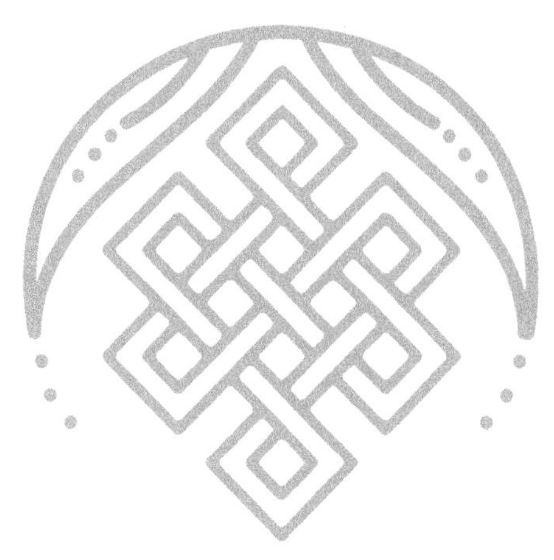

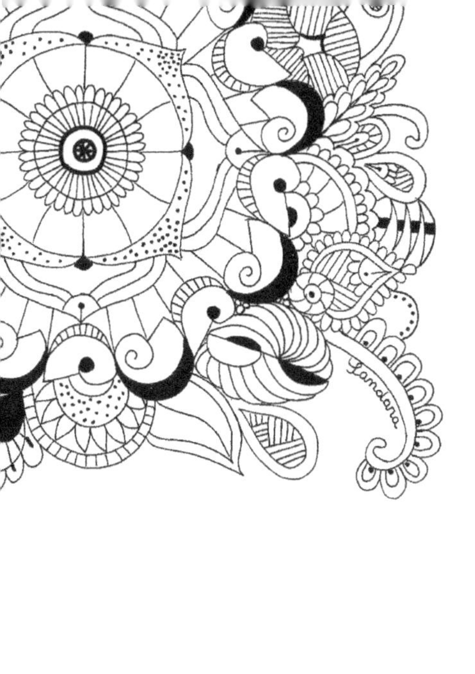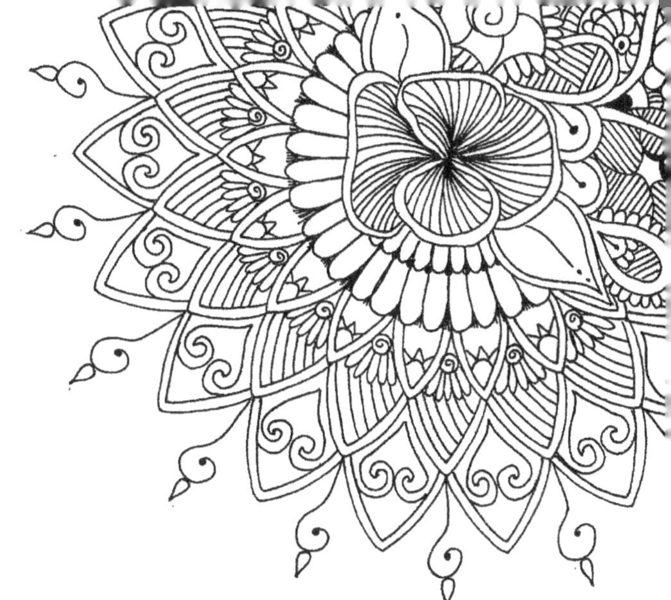

Cet ebook appartient à

....

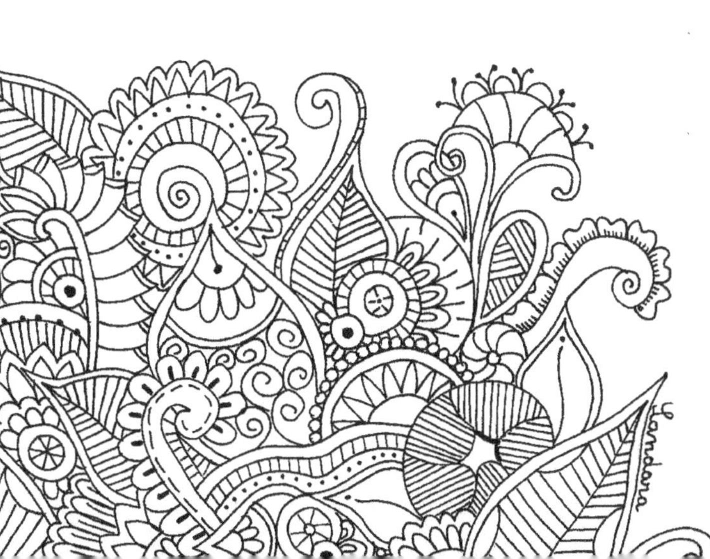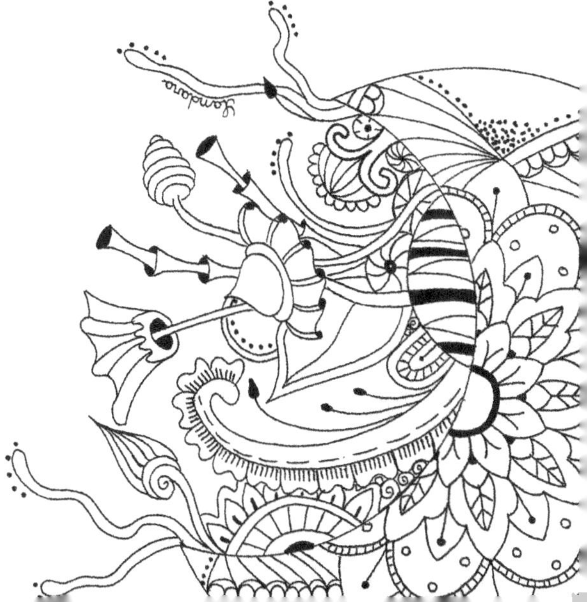

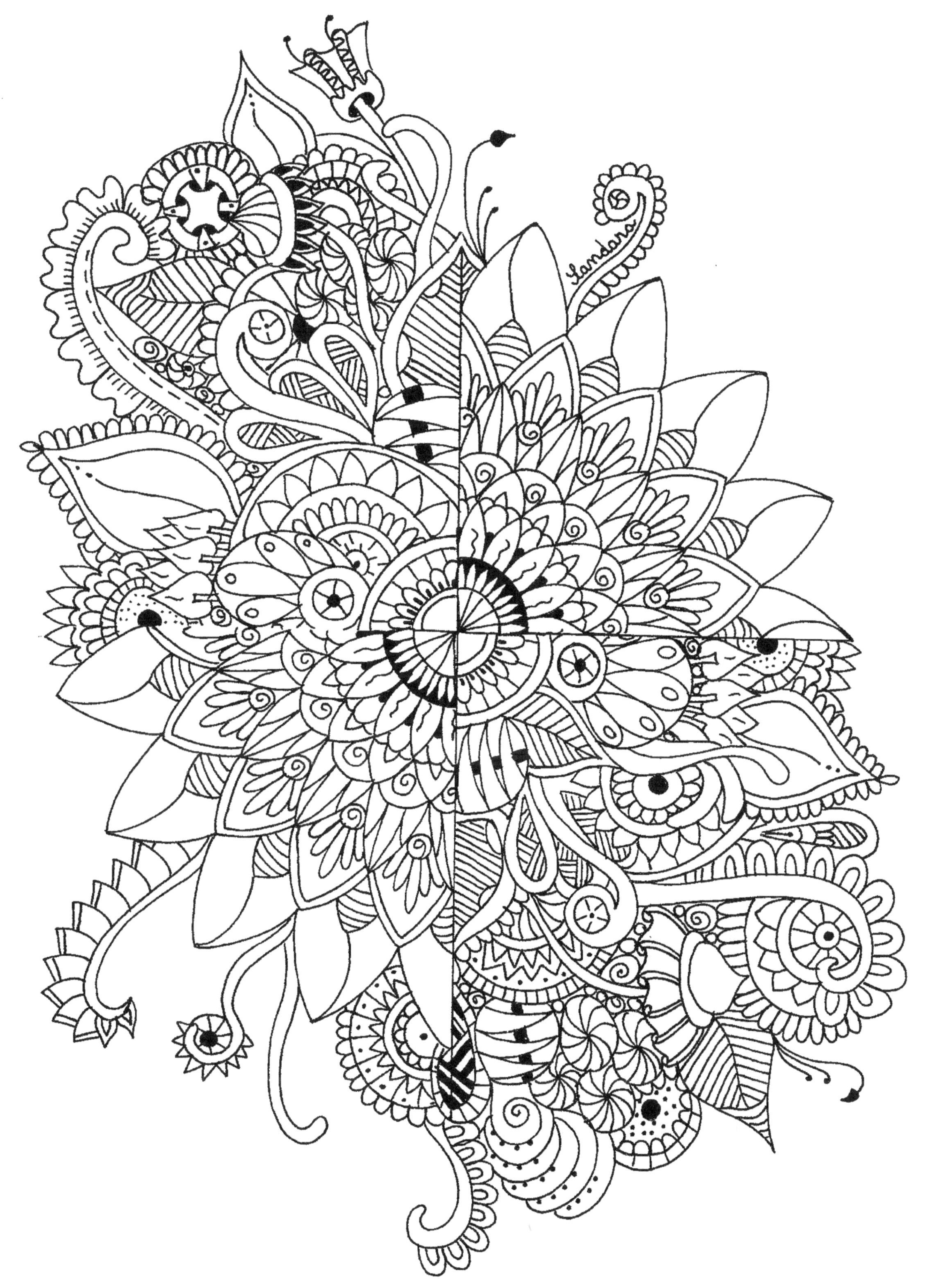

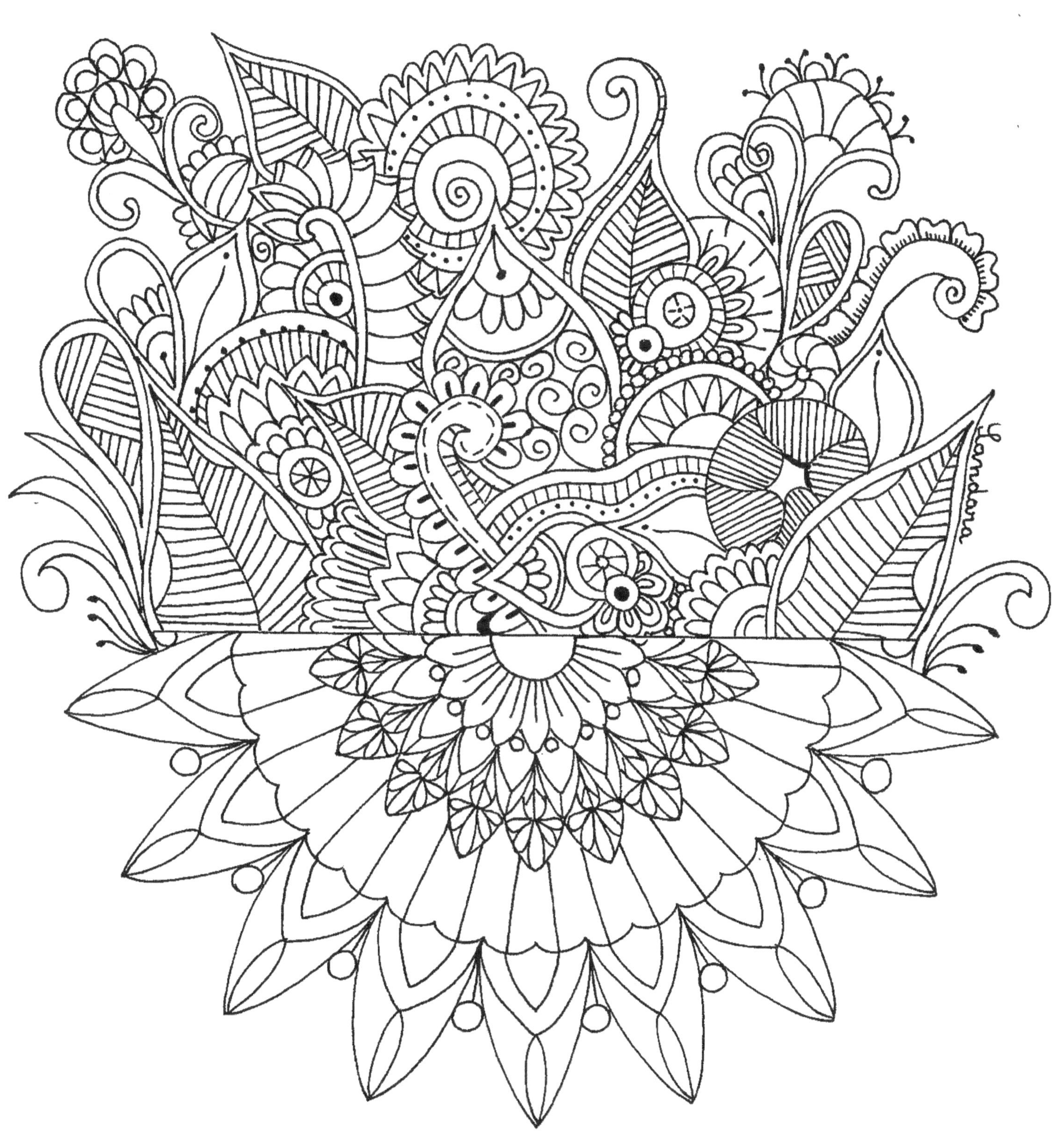

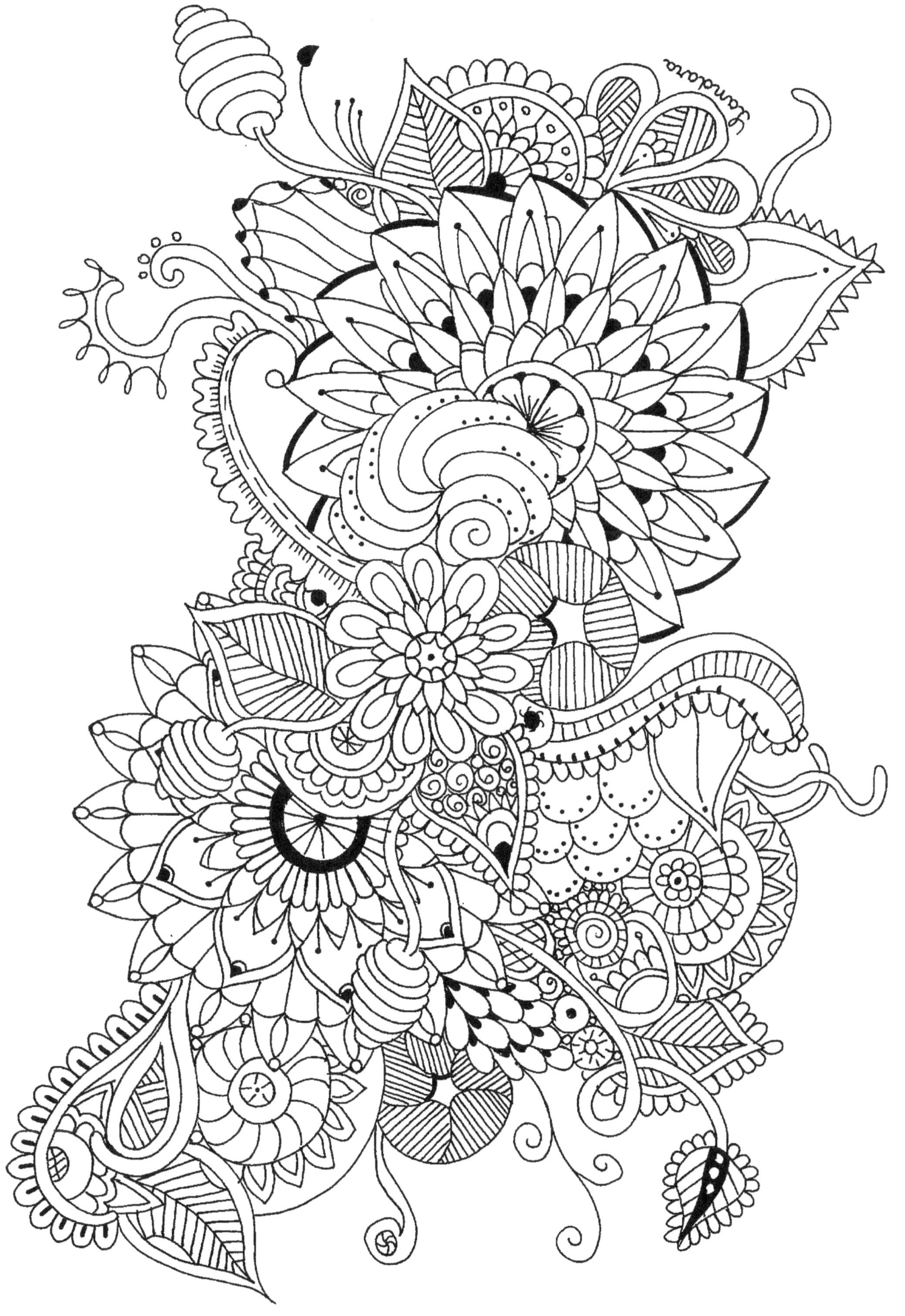

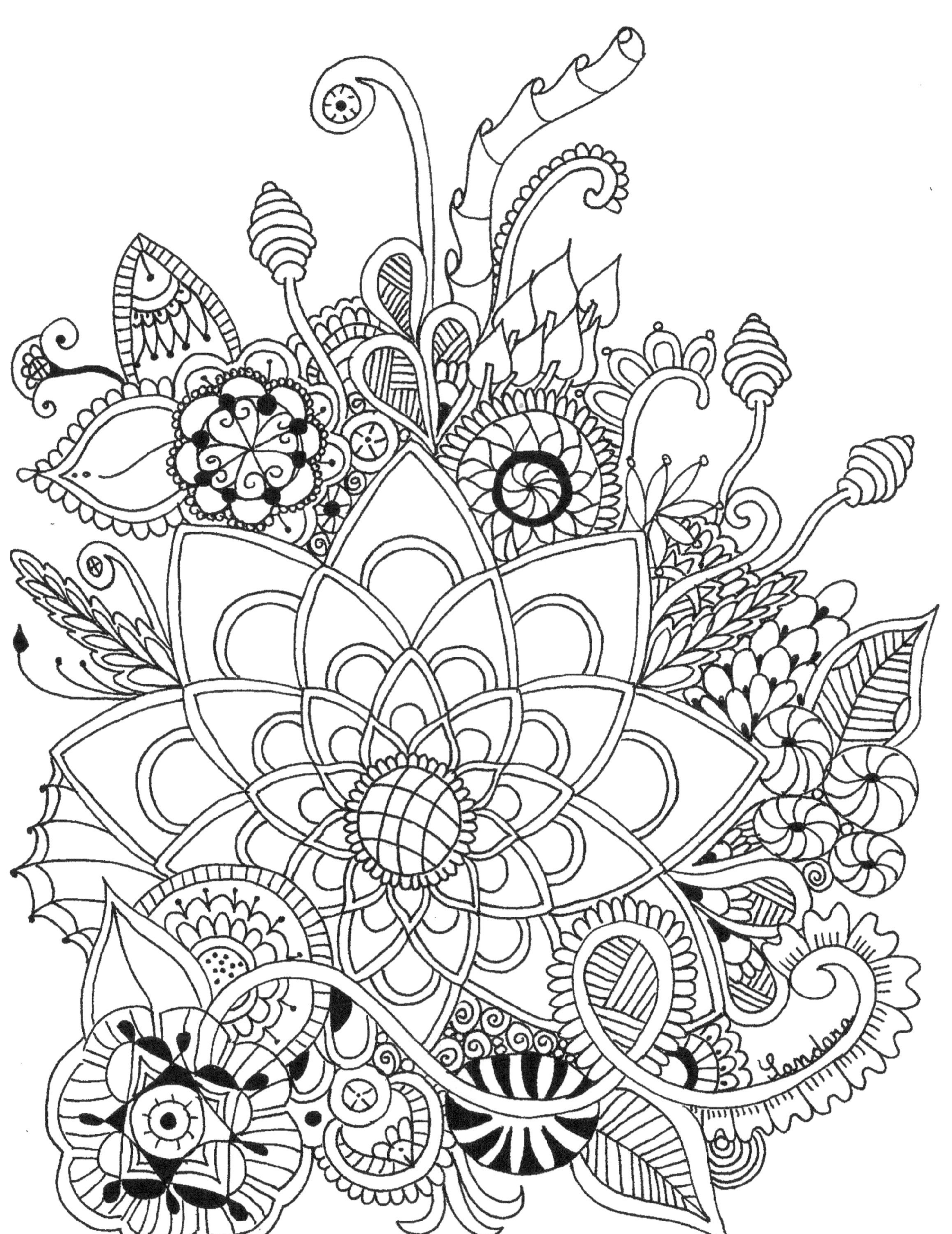

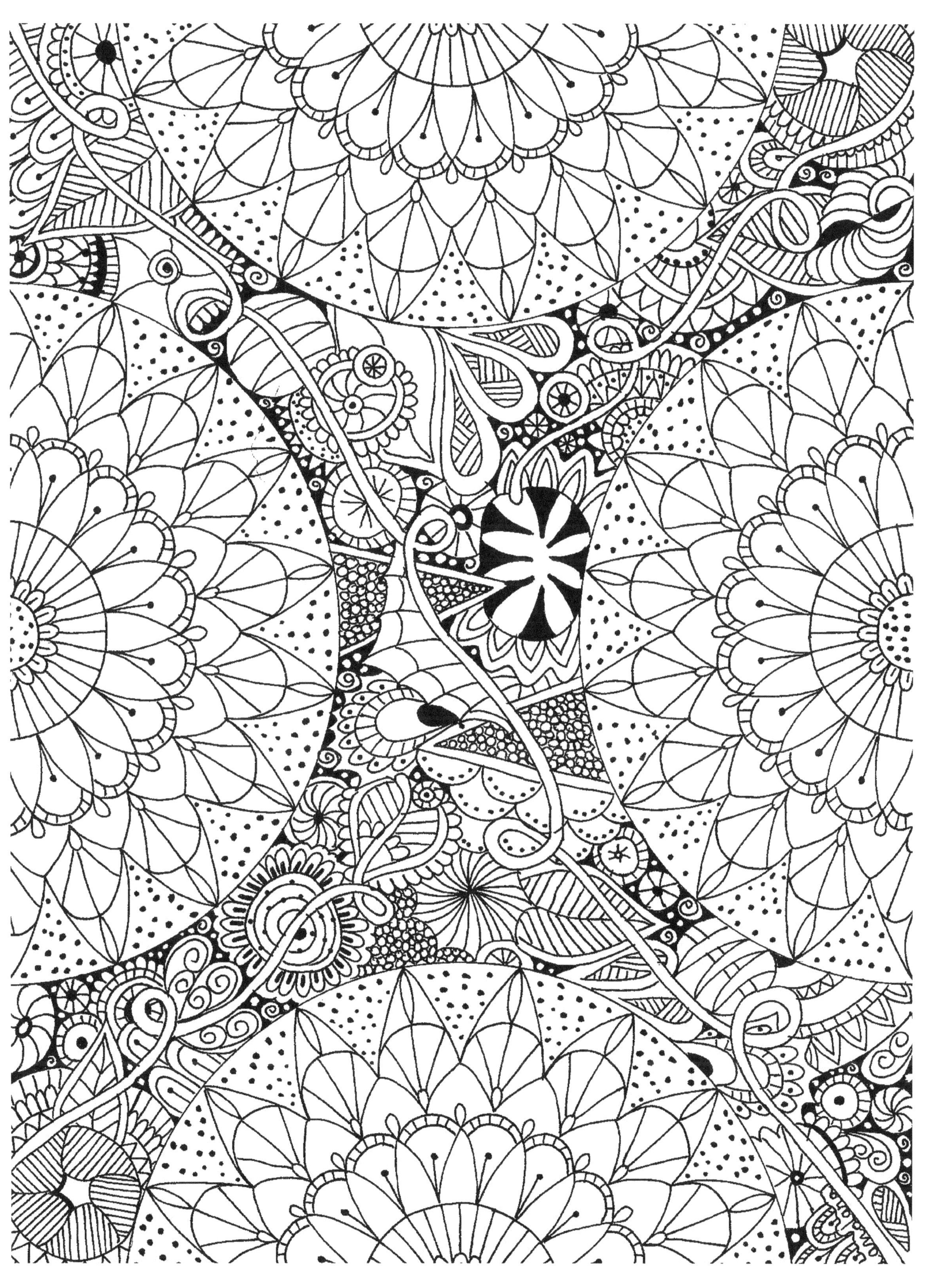

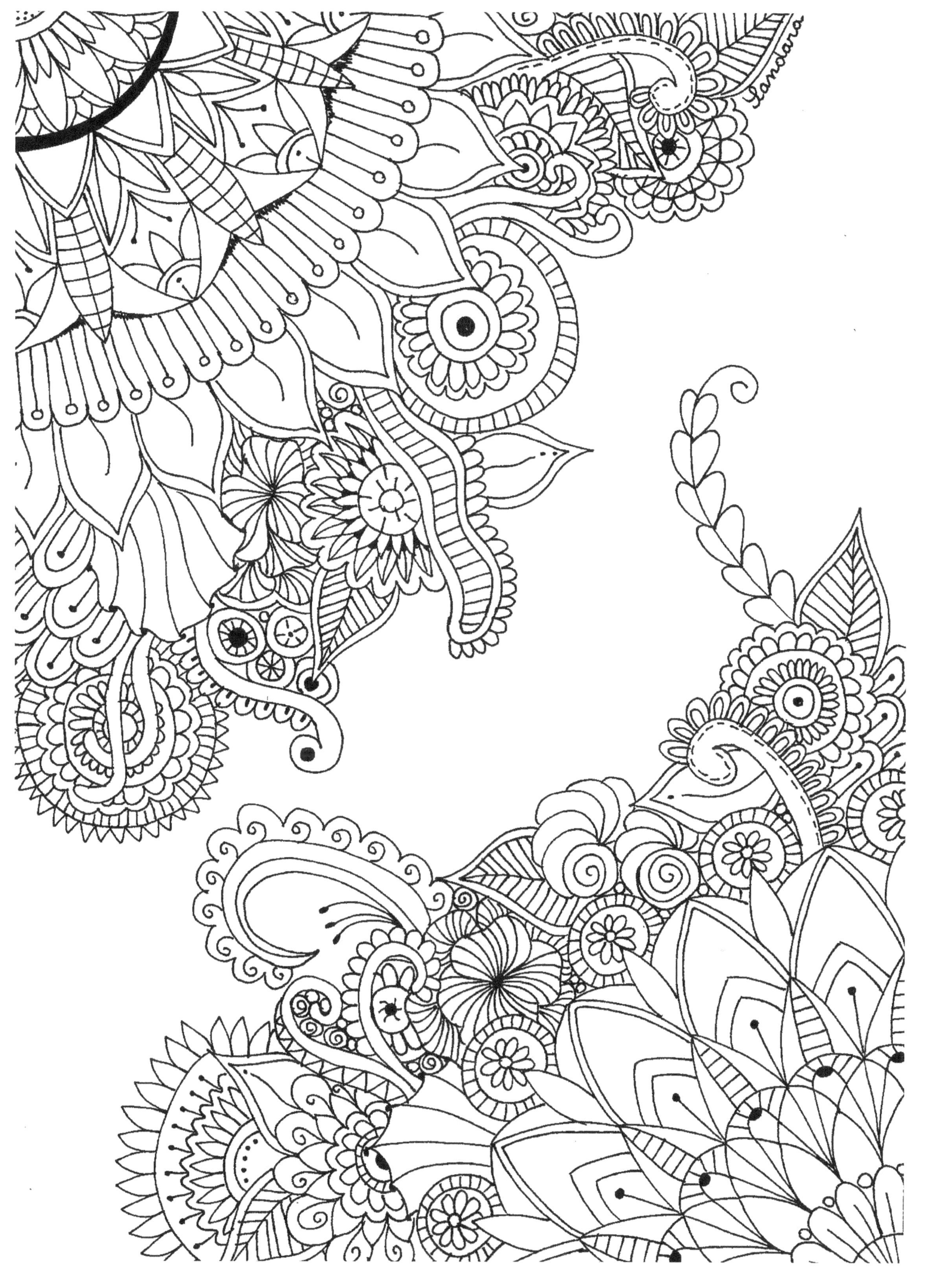

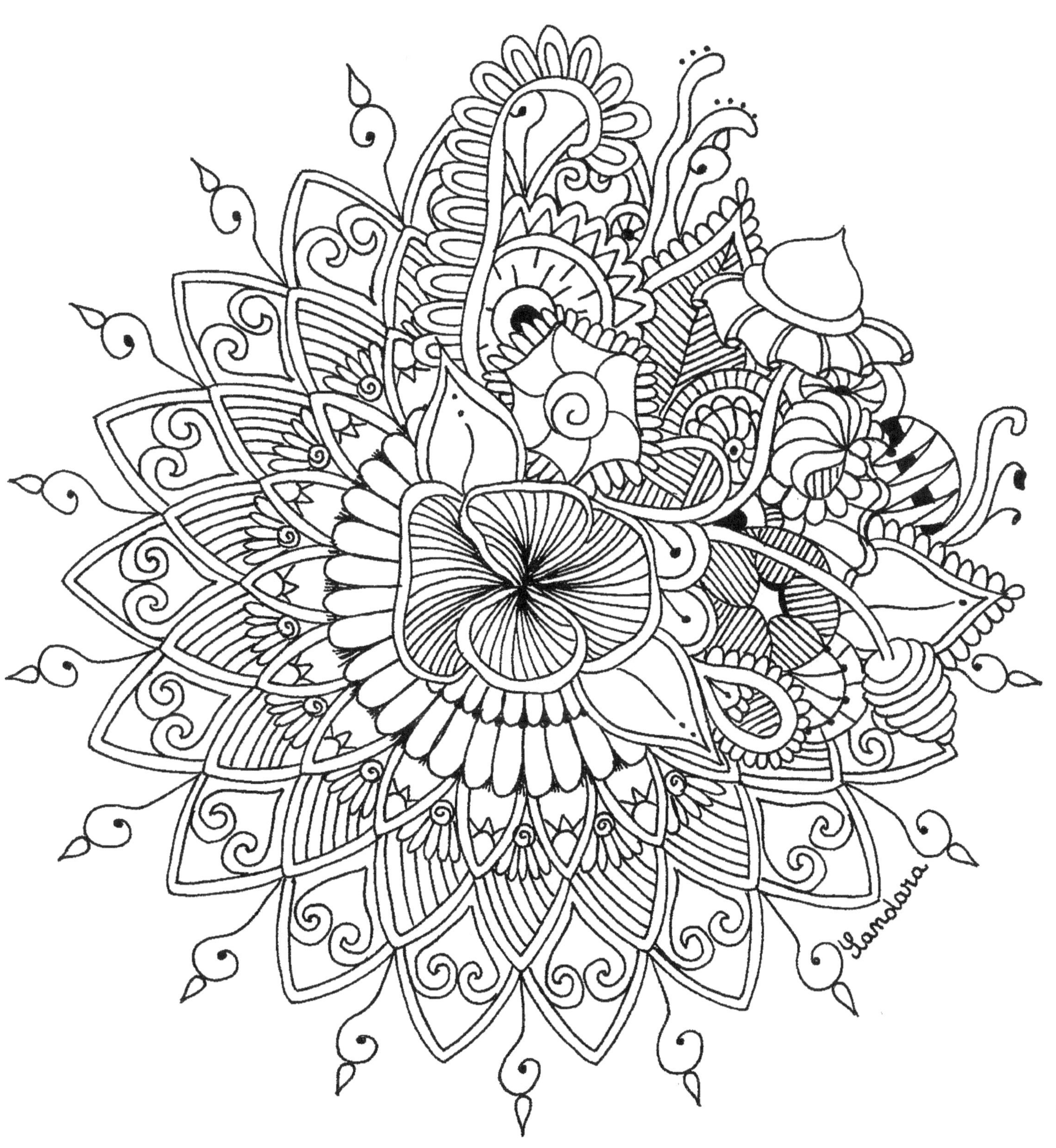

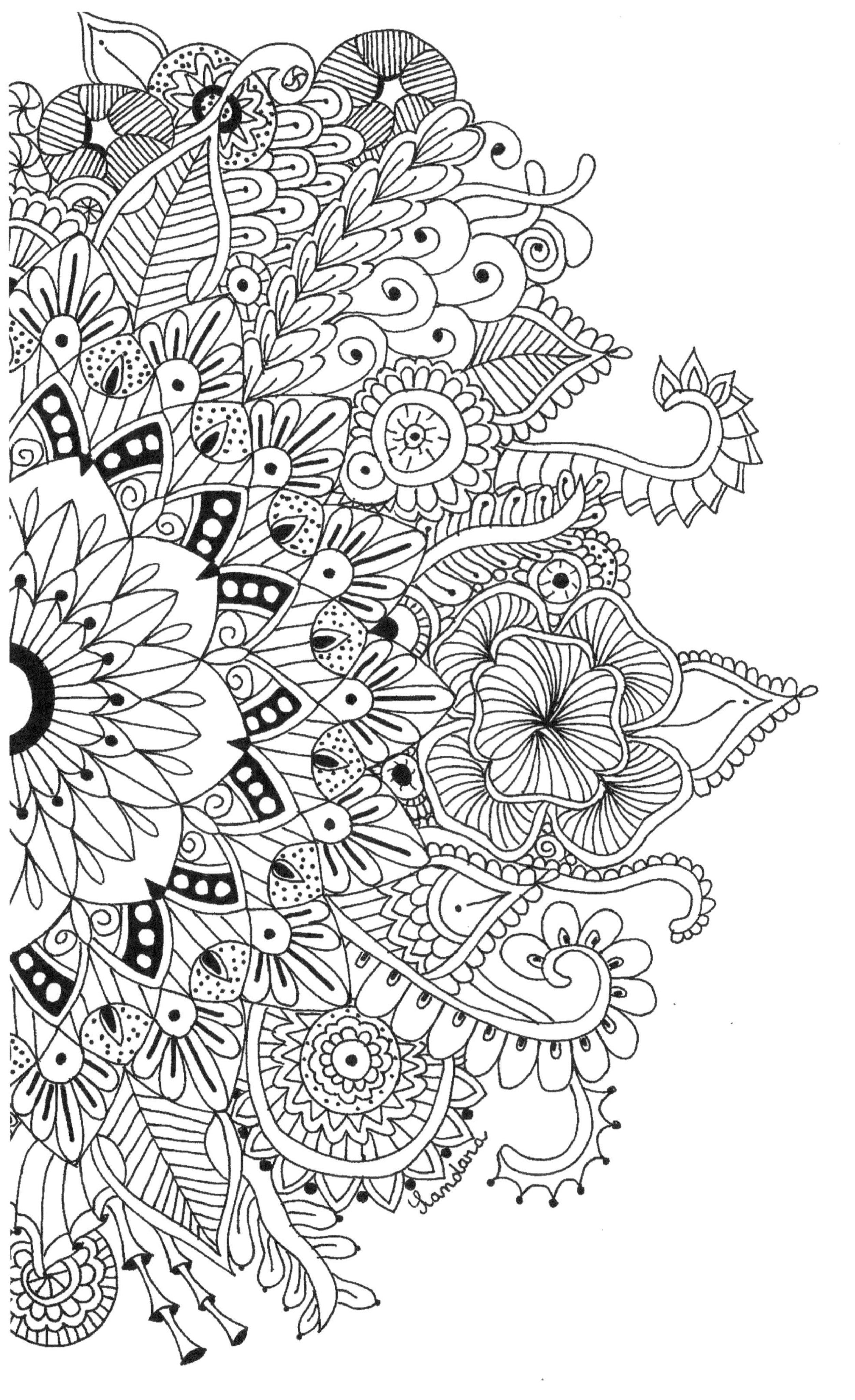

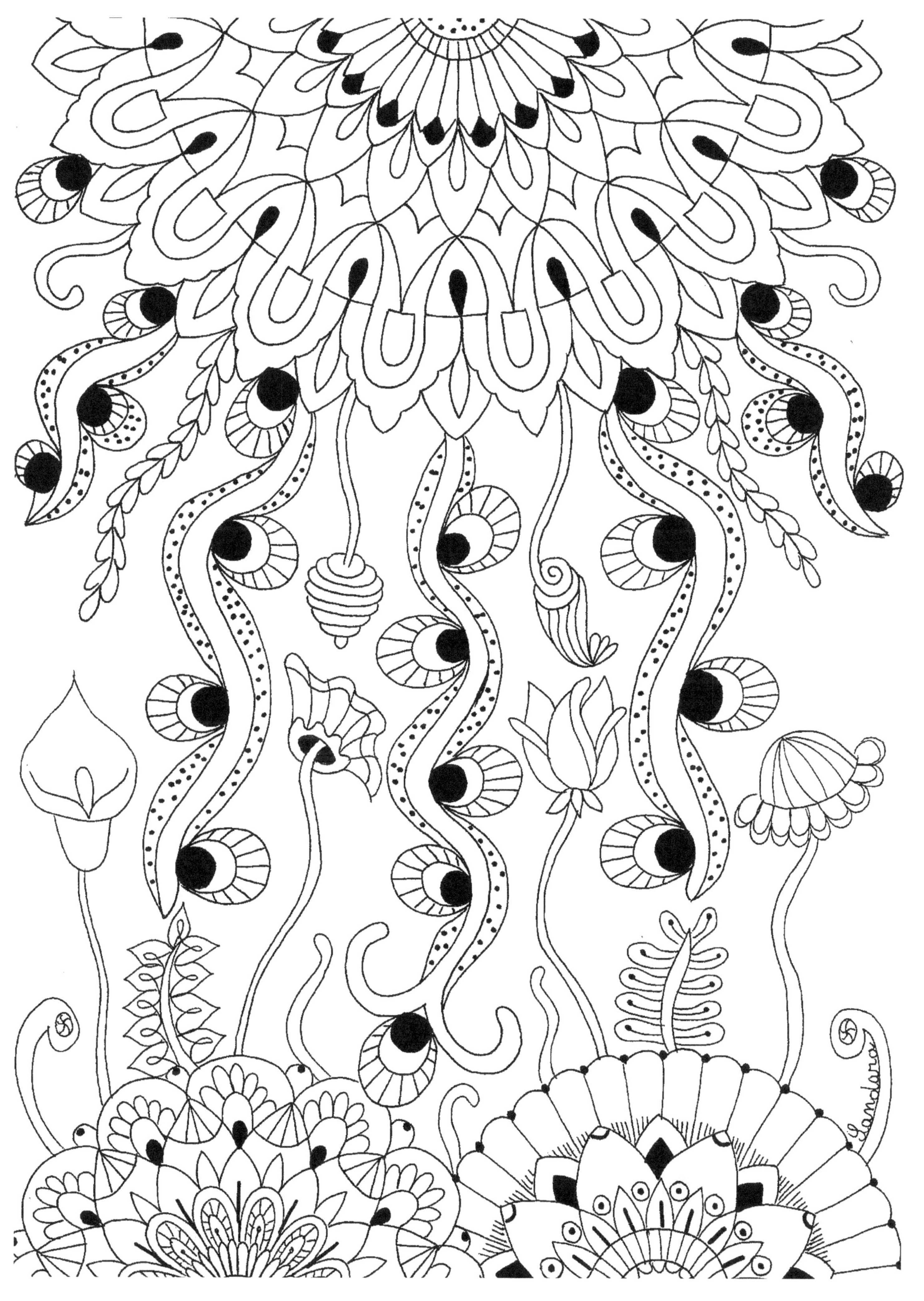

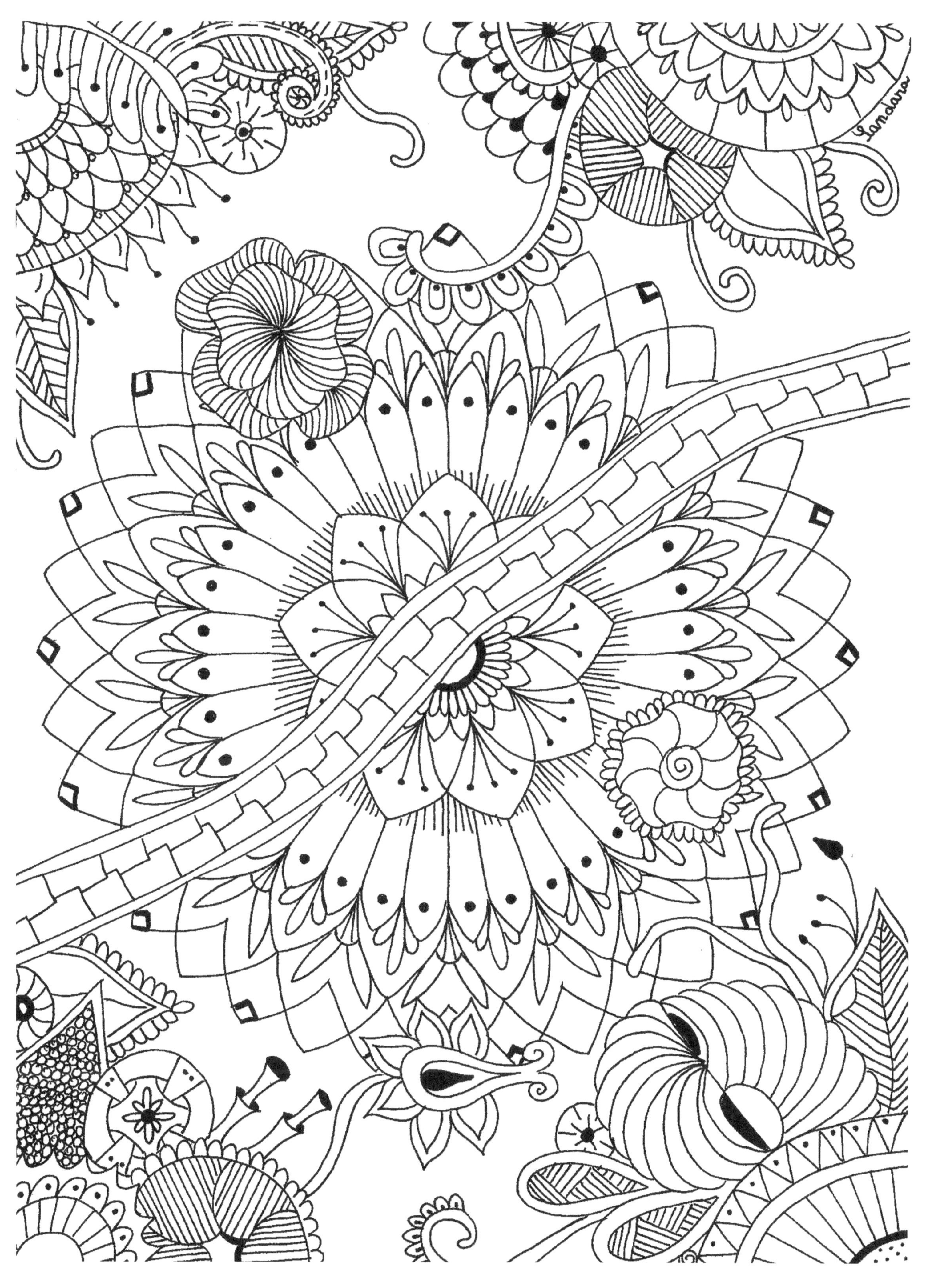

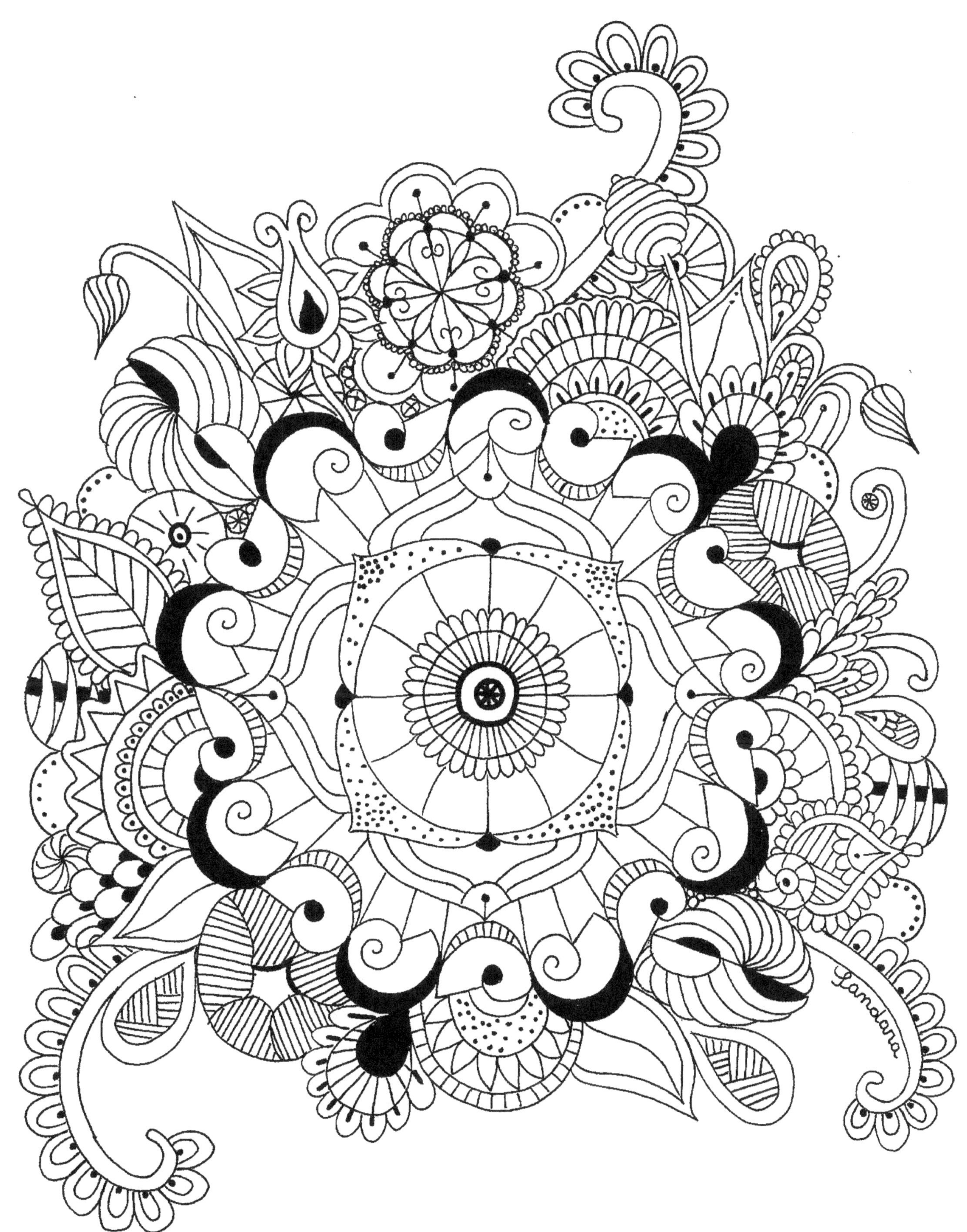

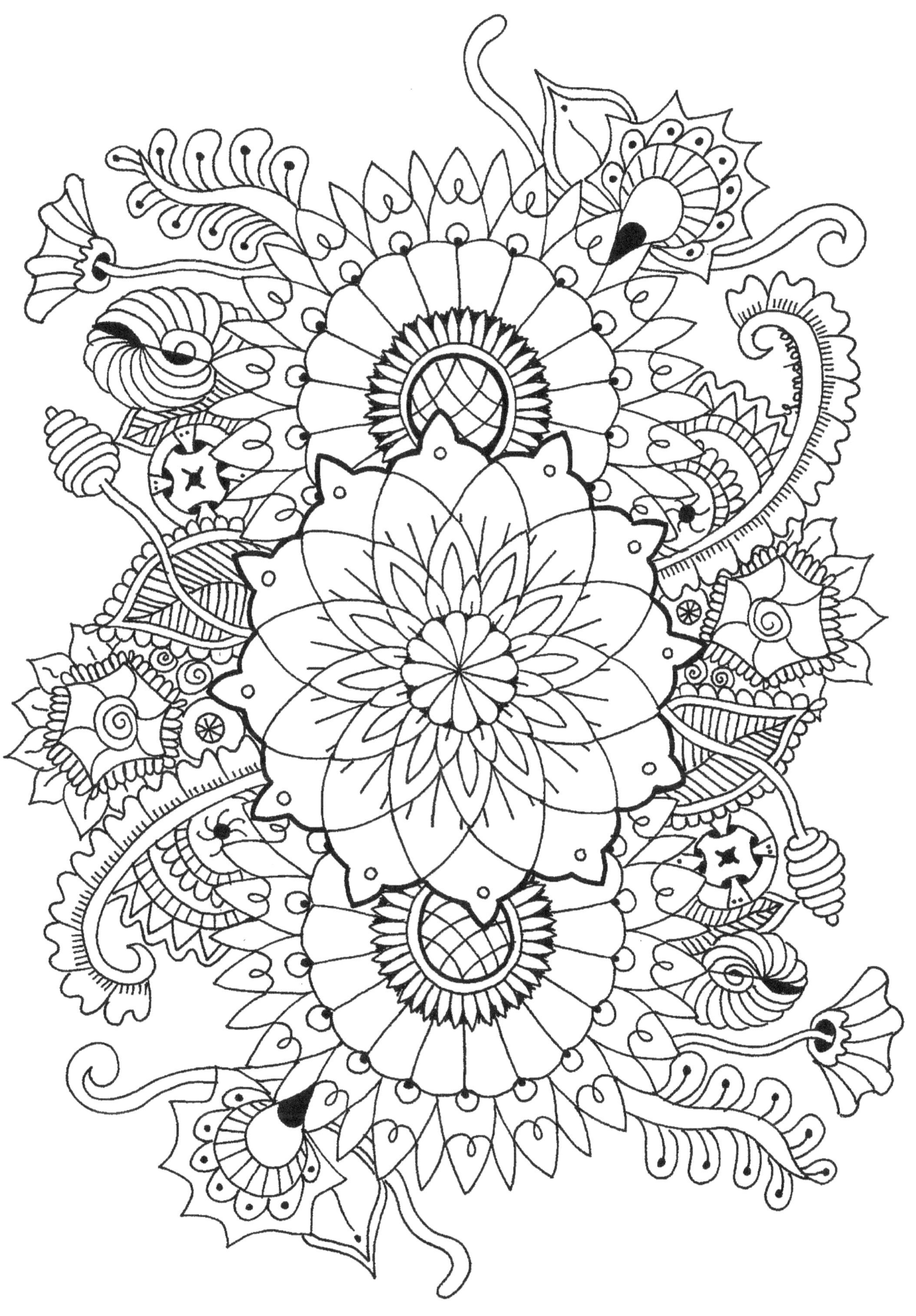

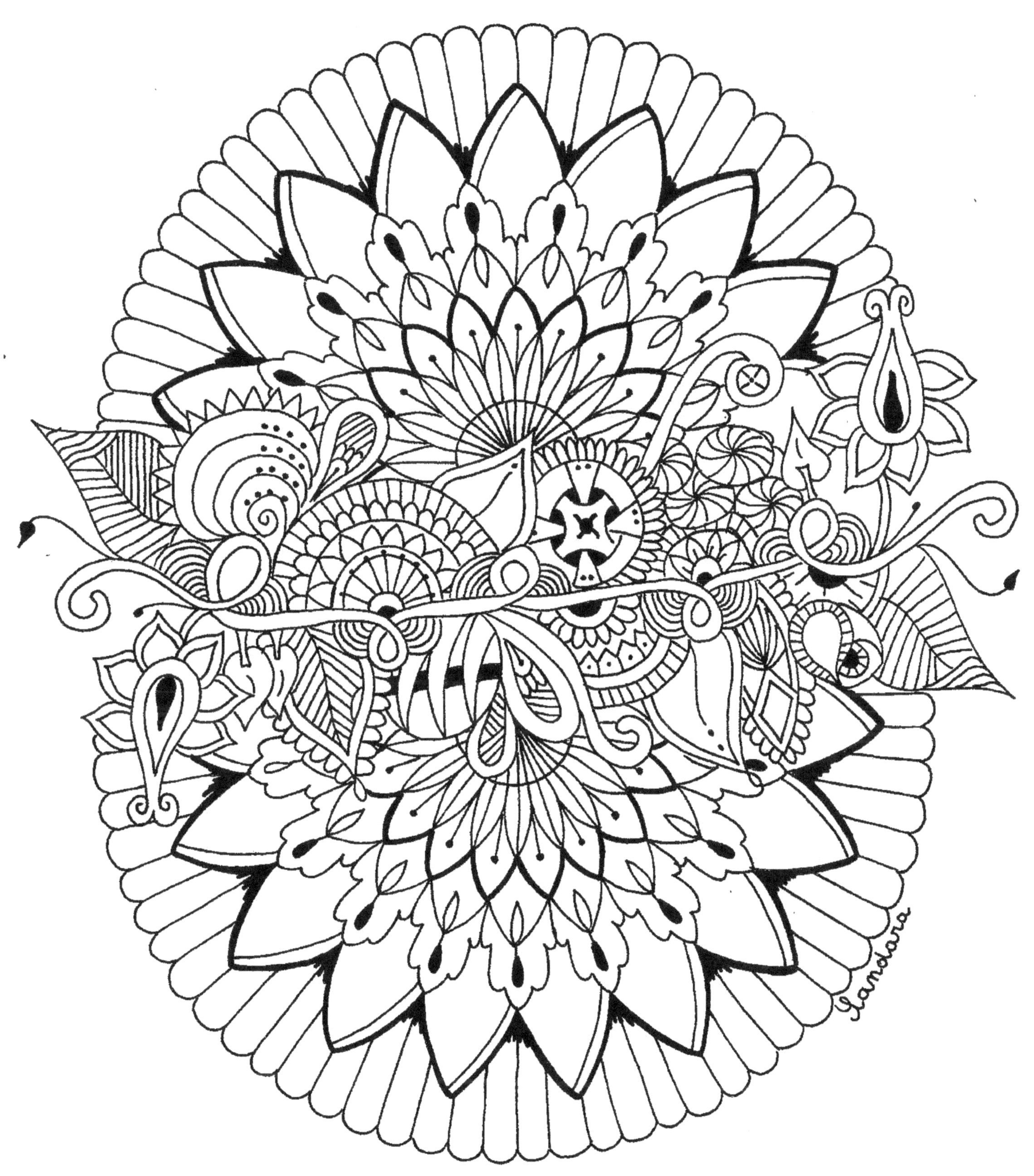

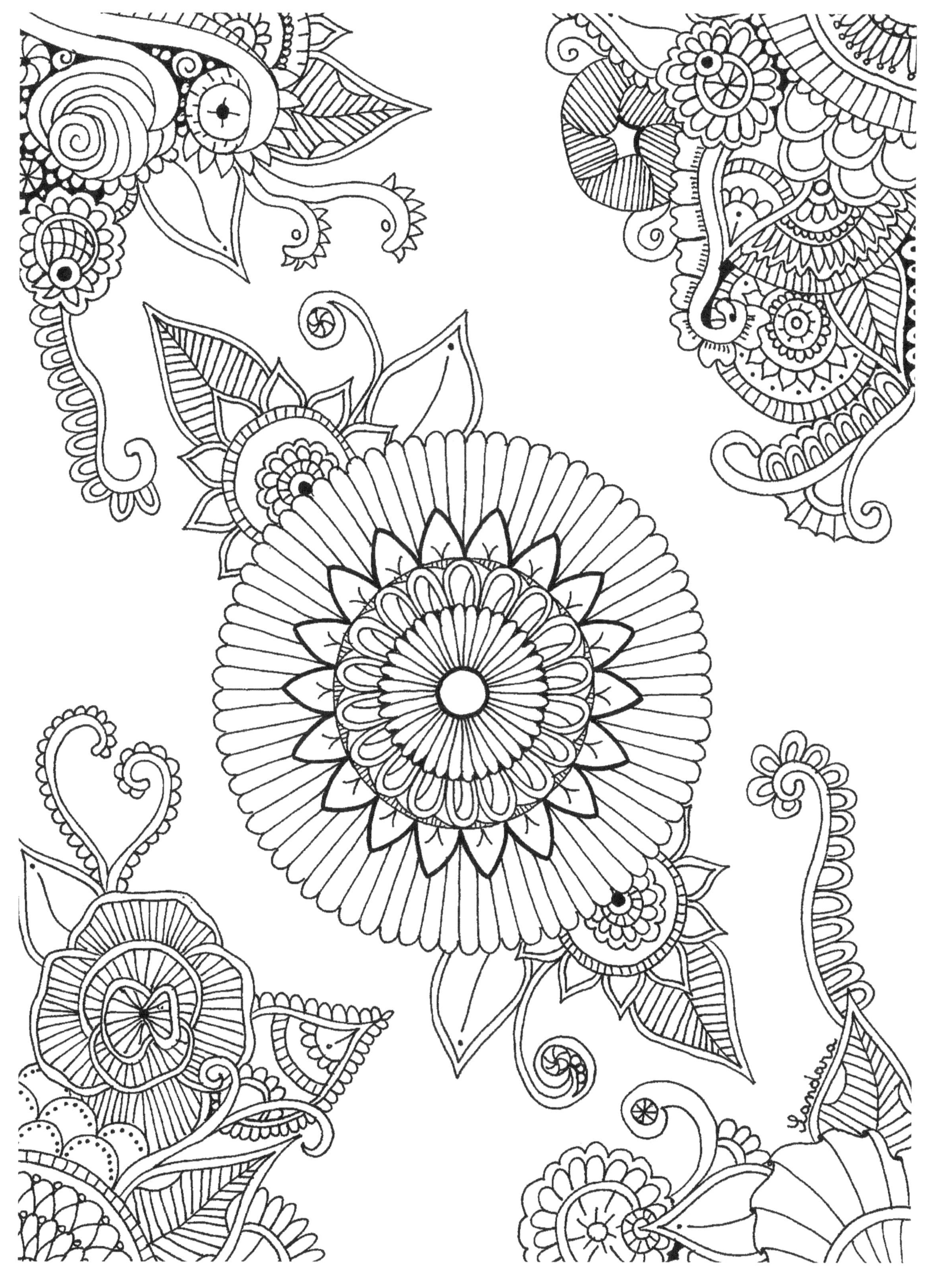

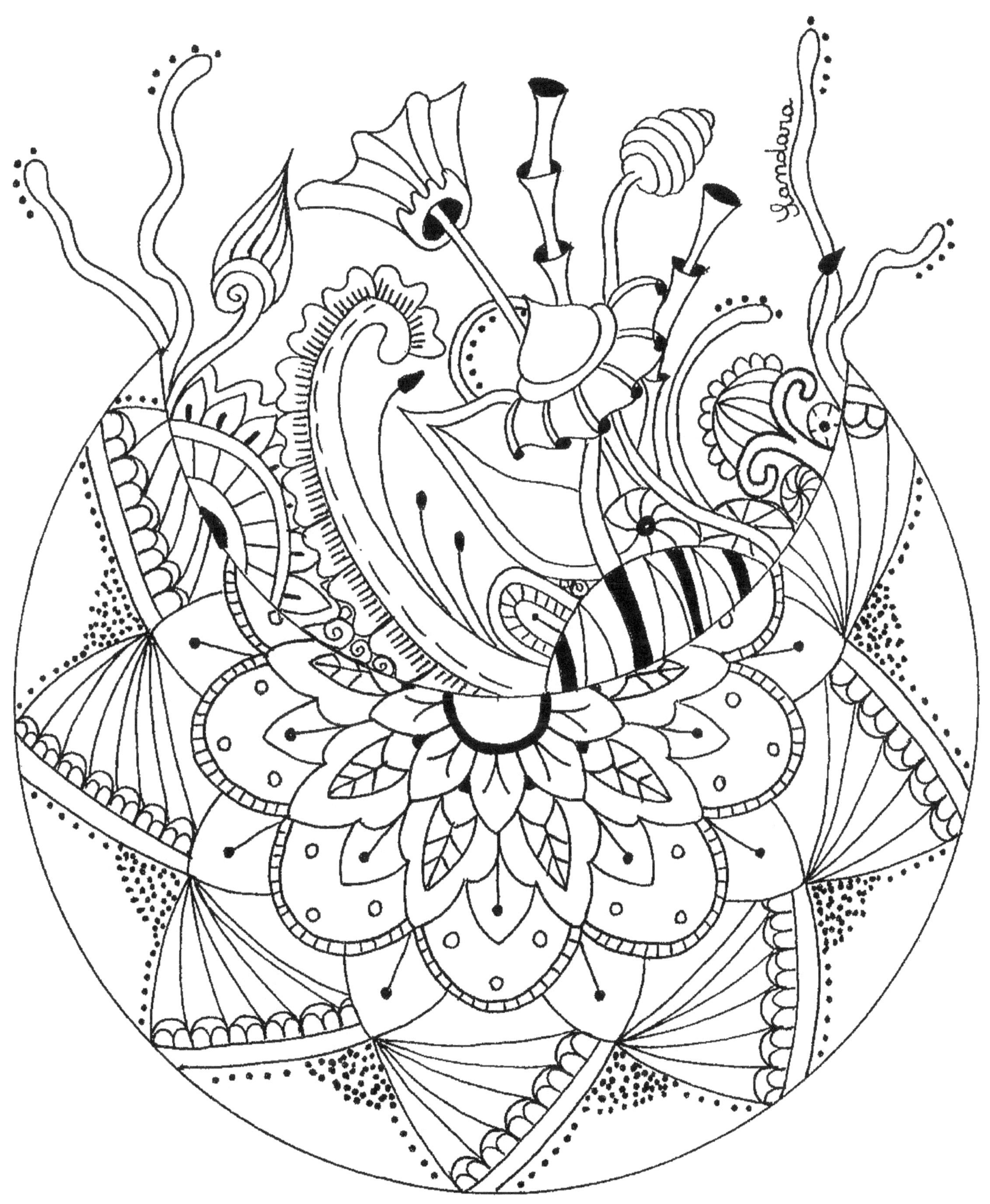

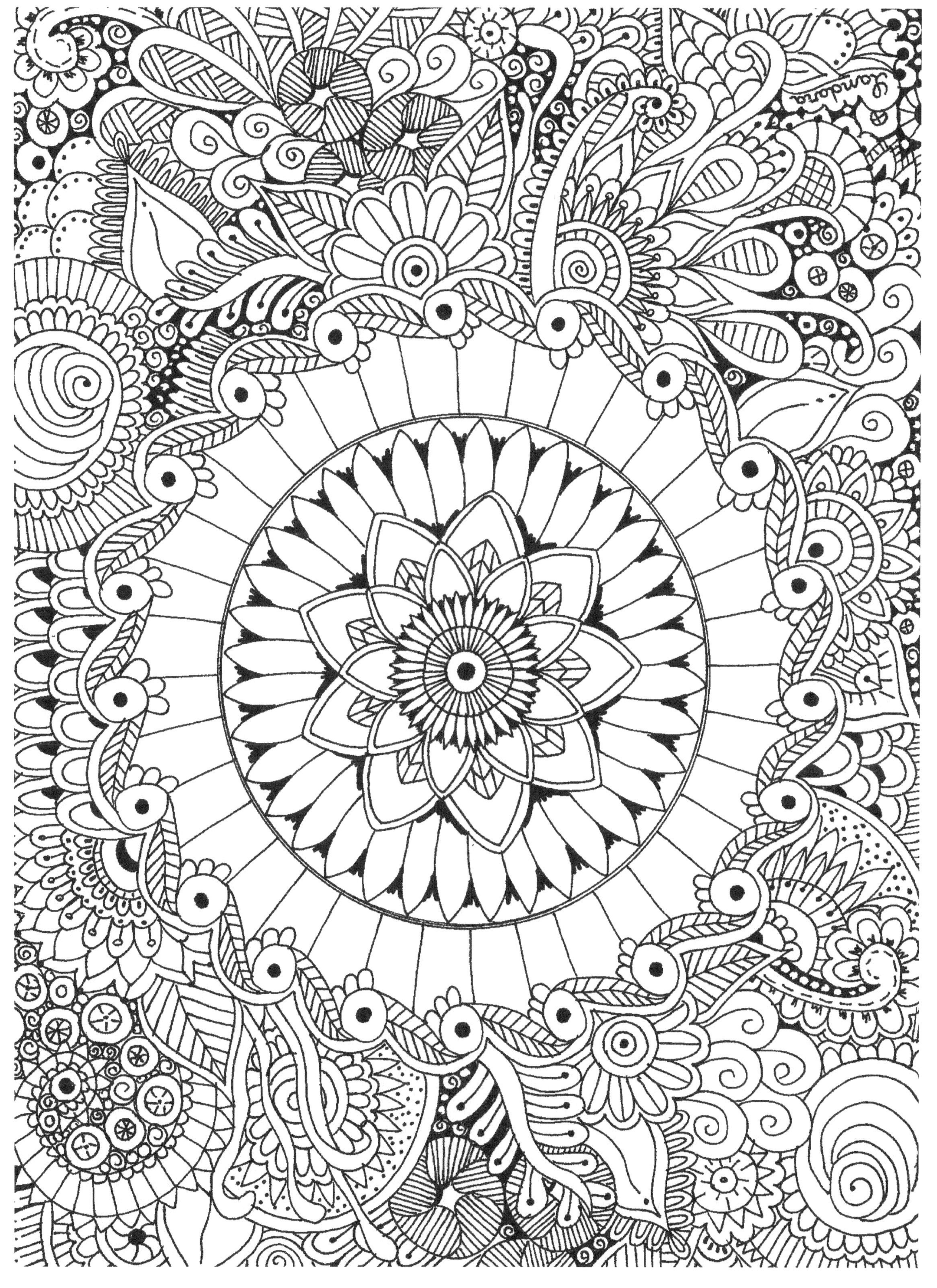

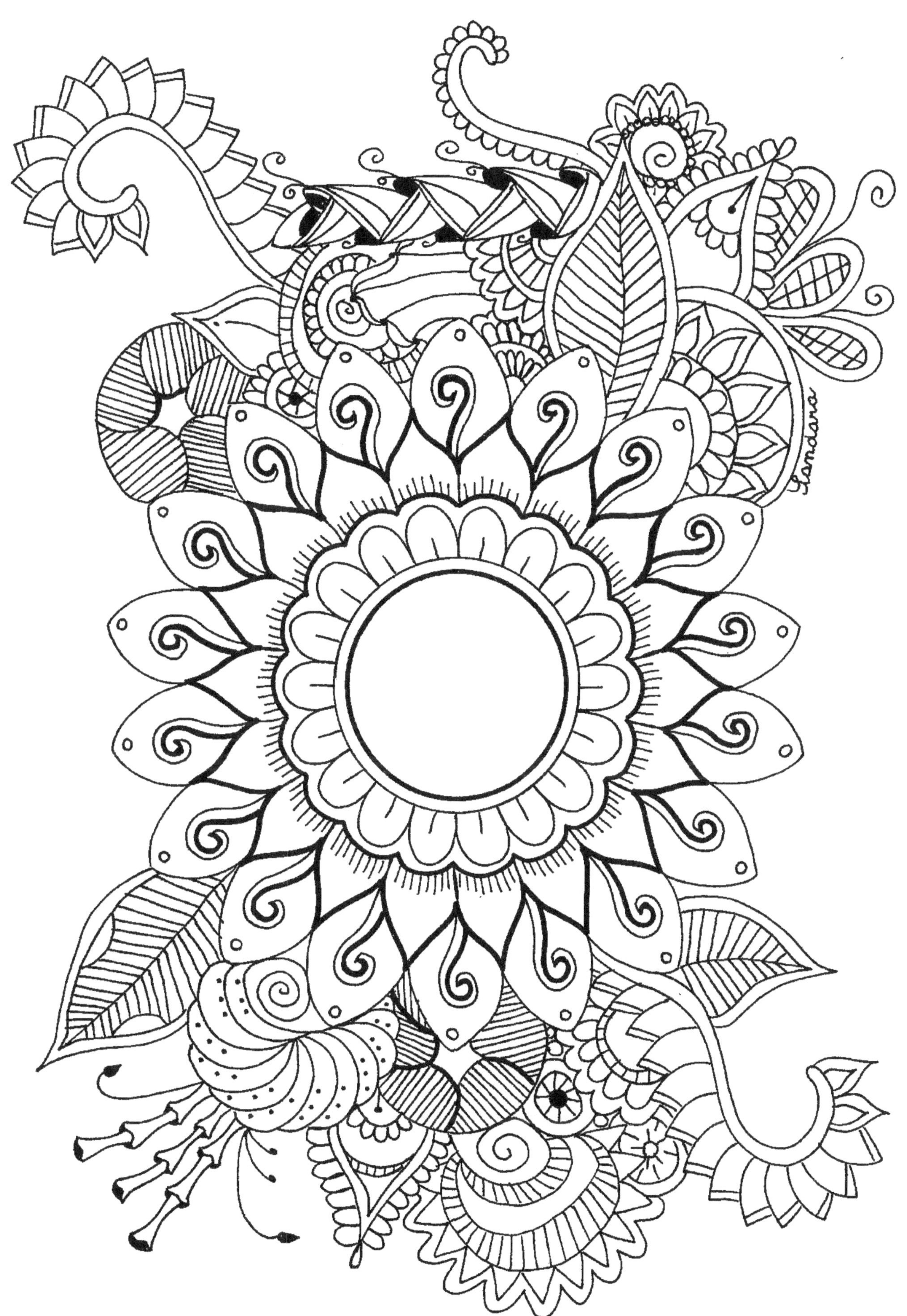

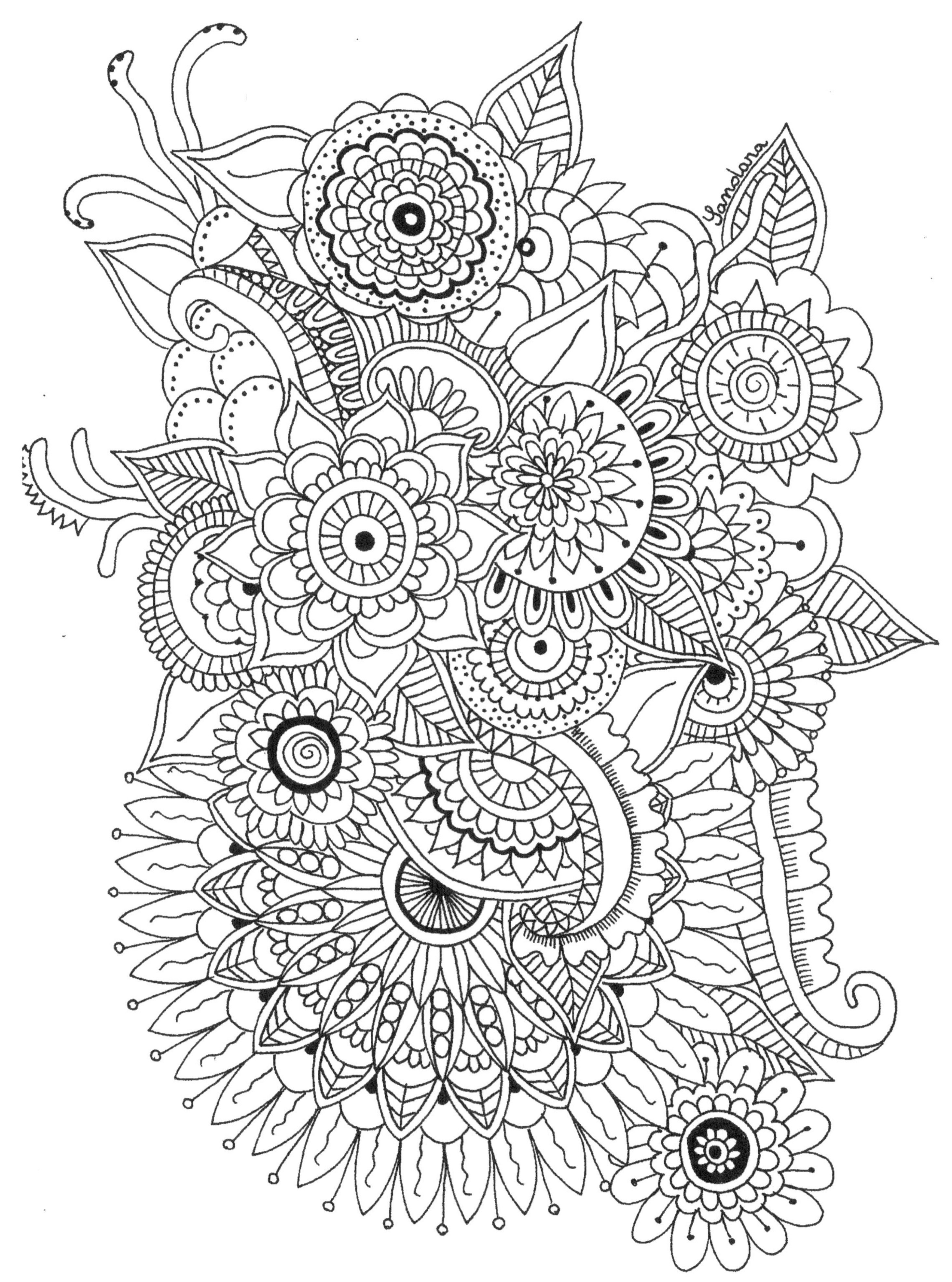

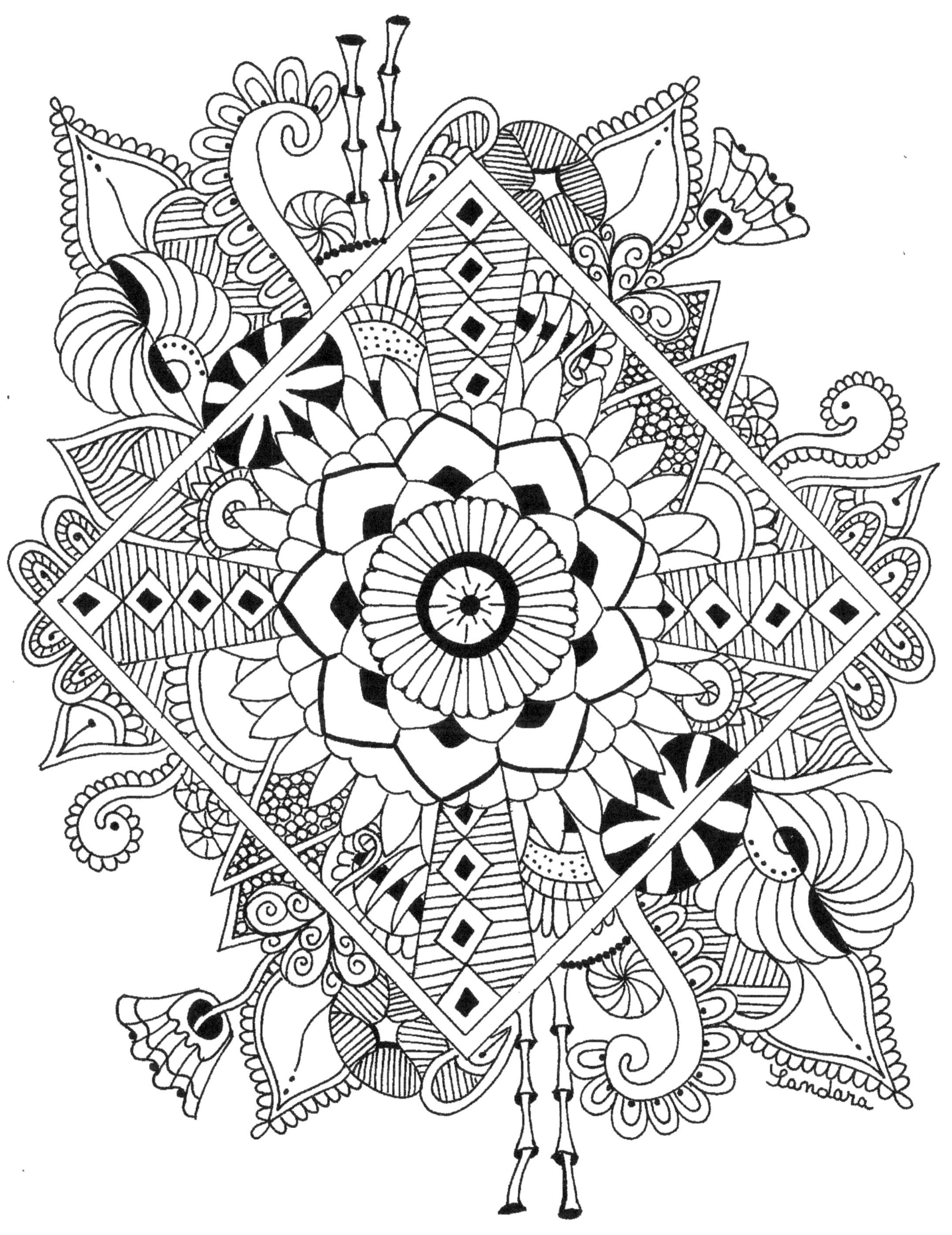

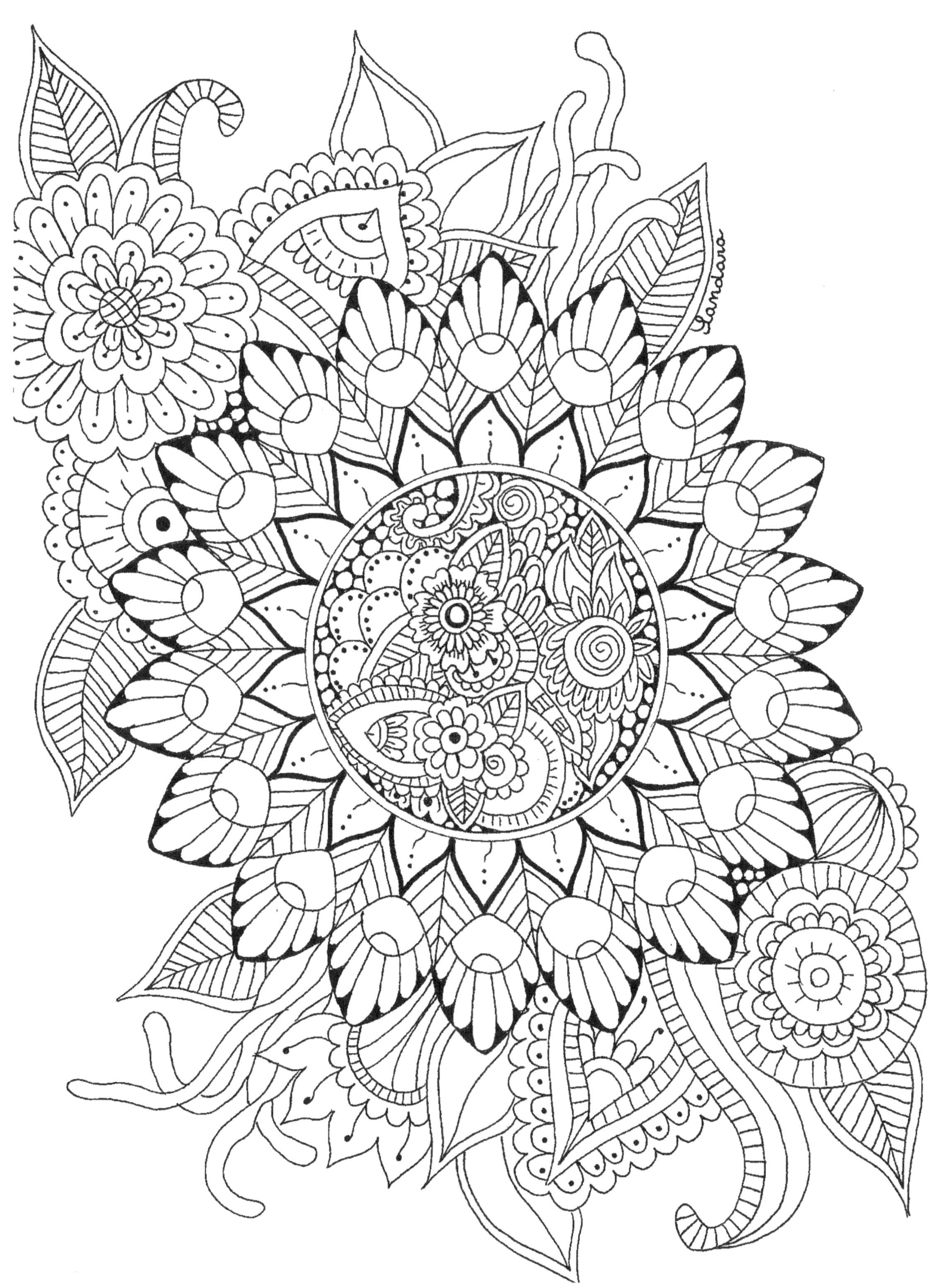